LES BIBLIOTHÈQUES POPULAIRES

Par M. Jules SIMON (*).

MESSIEURS,

On m'a demandé de venir à Lyon pour donner quelques explications sur la manière de former des Bibliothèques populaires et de les faire réussir.

J'ai bien envie de faire comme les prédicateurs, qui, avant de commencer leur discours, font connaître leur plan; et de vous dire que je donnerai d'abord quelques renseignements sur l'organisation des Bibliothèques populaires, et qu'ensuite je montrerai les avantages qu'elles peuvent avoir pour la moralité, la richesse publique et la liberté. Je conviens tout le premier qu'il n'y a dans ce sujet et dans ce plan rien de bien attrayant et surtout rien de bien nouveau. Mais il ne s'agit ici, ni de ma personne, ni de votre plaisir; nous avons une œuvre à fonder en commun, une œuvre importante, et nous sommes réunis pour nous y encourager mutuellement; c'est à elle, à elle seule que nous songerons, vous et moi.

(*) Par suite d'un accident imprévu, la conférence de M. Jules Simon n'a pu être sténographiée. La rédaction qu'on va lire a été faite sur des notes recueillies par deux auditeurs.

On parle quelquefois du bonheur d'attacher son nom à une œuvre utile : je ne comprends pas ce que vient faire là la vanité ; le vrai bonheur au contraire, c'est de faire un peu de bien, et de ne pas paraître. Dans cette même salle où nous voici, quelques-uns de vos concitoyens inauguraient naguère l'*Enseignement professionnel*. Savez-vous leurs noms ? Tenez-vous à les savoir ? Pour moi, je n'ai pas même eu l'idée de les demander. Je ne tiens pas à connaître mes collaborateurs : il me suffit de savoir qu'il y a là un service à rendre, un noble but à atteindre. Quiconque travaille pour la science et la civilisation, travaille pour la liberté.

Je vous fais là, Messieurs, sans y songer, l'histoire de la *Société Franklin*, au nom de laquelle je vous parle. Voilà quelques années qu'elle a été créée à Paris ; mais par qui ? je ne saurais vous le dire. Aucun des ouvriers de cette œuvre ne veut y attacher son nom ; et nous autres qu'elle a recrutés, un peu dans tous les camps, nous ne voyons en elle qu'un instrument de propagande pour les Bibliothèques populaires. Nous n'avons pas même d'autre parti pris que d'apporter à des hommes de bonne volonté le concours d'autres hommes de bonne volonté. Nous faisons simplement et exactement tout ce qu'on nous demande. S'agit-il de fonder une Bibliothèque ? nous essayons de la fonder ; ou d'aider une Bibliothèque déjà faite ? nous nous efforçons de lui venir en aide. Demande-t-on un cadeau de livres ? nous donnons ceux que nous avons, et nous en demandons pour en donner. Veut-on au contraire les acheter ? nous nous faisons commissionnaires, intermédiaires, expéditeurs. En un mot, nous sommes prêts à tout. Si même on a besoin d'un membre de la Société pour apporter à une École naissante quelques paroles cordiales et fraternelles, nous payons avec plaisir de nos personnes. On peut user de nous librement, tant qu'on veut, sans crainte d'abuser. Réussirons-nous ? Dieu le sait ; je l'espère. Peut-être avons-nous le droit de dire que nous avons déjà réussi à frayer la voie et à donner l'exemple.

La première recommandation que j'ai à vous faire, Messieurs, c'est de ne pas dédaigner les petites choses et les petits commencements, et de ne pas vous laisser rebuter par la disproportion des moyens avec le but. Imitez en cela la Société Franklin, et Franklin lui-même, qui n'arrriva à la grandeur que par la simplicité. Vous avez eu le bonheur de fonder du premier coup votre Enseignement professionnel. Si vous ne pouvez pas en faire autant pour vos Bibliothèques, ne rougissez pas d'un début plus humble, la grandeur de la cause l'anoblit. Il y a de la gloire à écrire le Discours de la Méthode, et il n'y en a pas à composer un bon alphabet; et pourtant, si cet alphabet rend plus accessibles les abords de la science et diminue le nombre des déshérités, celui qui l'a fait a bien mérité de l'humanité. Sa vie est obscure, mais elle est utile! Qui de vous n'est entré dans une école de village, et n'y a vu, avec une sympathie profonde, au milieu d'une quarantaine d'enfants déguenillés, le pauvre instituteur occupé tout le jour à sa rude et pénible tâche? Spectacle vulgaire pour une âme vulgaire; grand spectacle pour une âme un peu élevée, plus grand peut-être que celui du haut enseignement distribué à la Sorbonne et dans les Académies. C'est que, dans ces hautes régions, on fait de la science, et que dans les écoles de village, on fait la civilisation.

On commence quelquefois avec rien : ce n'est pas pour vous que je le dis, je sais où je parle; mais il est bon de montrer ce que peut une volonté ferme, abandonnée à elle-même. L'association de Rochdale a été fondée en 1844, par vingt pauvres ouvriers tisseurs dont tout le monde se moquait, et qui n'avaient entr'eux tous que 28 livres de capital. Ils font aujourd'hui par année 160,000 liv. st. (quatre millions) d'affaires. Que cet exemple ne soit pas perdu. Il suffit d'un homme, et même, quand il s'agit d'une Bibliothèque, il suffit d'un livre. Un bon livre qui circule est déjà une Bibliothèque. Il ne faut ni fortune, ni talents, ni influence ; un ouvrier de bonne volonté achète quelques livres et les prête à ses voisins; voilà un commencement et une espérance. Si on se pénétrait bien de cette pensée, que le bien est toujours facile, on rougirait en vérité d'en faire si peu.

Il y a trois semaines nous inaugurions des cours du soir, dans un village des environs de Paris. On me pria, comme député de l'arrondissement, de dire quelques mots sur cette institution naissante, et je profitai de l'occasion pour supplier l'administration de joindre à l'enseignement une Bibliothèque. Tout aussitôt le Maire qui était assis à côté de moi, me tira par mon habit, et comme nous étions en famille : « Vous en parlez, dit-il, bien à votre aise ; vous oubliez combien la commune est pauvre. — Oui, lui répondis-je, la commune est pauvre, mais le Maire est riche ! Donnez-nous seulement l'armoire, et même ne la donnez pas trop grande, car c'est moi qui la remplirai. Je la remplirai de livres assez médiocres, ne pouvant guère donner que les miens. Les membres du Conseil municipal se cotiseront pour nous offrir chaque soir, en hiver, une bûche et une bougie, et voilà la Bibliothèque fondée. » Elle le fut en effet, sans plus de peine ni de cérémonie ; elle fonctionnait dès le lendemain, et avec du temps et de la bonne volonté, qui sait ce qu'elle pourra devenir ?

Ainsi pas de difficultés pour les livres. Vous croyez qu'il y en a pour le local ? pas du tout ; nous avons la Mairie. La Mairie est trop petite ? allons à l'école. L'école ne peut nous recevoir ? quelqu'un des associés nous prêtera sa chambre. Au besoin, notre Bibliothèque tiendra sur le coin d'un établi. Tout nous est bon dans les commencements. Il ne s'agit que de naître.

Mais peut-être manquer as-nous de lecteurs ? C'est possible, avec nos 600,000 enfants qui ne vont pas à l'école, avec nos conscrits dont les deux tiers ne savent pas lire. Il y a, en France, plus de mille communes sans écoles ; il y en a assurément plus de dix mille où les adultes les plus érudits savent à peine épeler. Il arrivera plus d'une fois que les livres attendront, poudreux et délaissés, sur les rayons de la Bibliothèque. Voilà, de toutes les difficultés, la plus triste et la plus navrante. Est-ce une raison de se décourager ? Au contraire ! il faut porter le remède là où est le mal. Il faut savoir être seul. Il faut savoir persévérer. Vouloir une fois, ce n'est pas vouloir. Le propre de l'homme, sa grandeur, sa force, c'est de vouloir continûment. Le présent a beau être rebelle, l'avenir vous appartient, si vous voulez. Ayez de la foi pour avoir de la force. Vous ne doutez pas du progrès ? vous croyez que le monde marche ? Soyez donc sans crainte : quelque haut que votre but soit placé, le monde y arrivera.

Reste la question du choix des livres. Grande question : demandez à tous les pères de famille ! Choisir un livre pour un ignorant, c'est la même chose que choisir un précepteur pour un enfant. Nous, lettrés, nous passons souvent d'un livre à un autre, et quelquefois trop rapidement : un livre n'est pour nous qu'un ami de hazard. L'ignorant s'arrête longtemps sur le même livre ; il lui faut du temps pour le comprendre ; il le médite après l'avoir compris ; il n'a pas de terme de comparaison pour le juger ; il se livre à lui tout entier avec une crédulité naïve ; c'est un ami dans la forte expression du mot, ou plutôt c'est un maître. N'oubliez pas cependant que ce maître n'a d'autre alternative que d'être un corrupteur ou un bienfaiteur : il fera du bien, si seulement il ne fait pas du mal ; il habituera l'ignorant de la veille à lire et à aimer lire ; songez donc, avant tout, à rendre la lecture aimable, et pourvu qu'un livre soit moral, ne lui demandez pas, d'une façon trop absolue, d'être instructif. C'est déjà faire du bien à l'humanité, que de lui procurer un plaisir honnête.

Je conviens que nous n'avons pas en France, comme en Angleterre et en Allemagne, une foule de livres écrits spécialement pour les ouvriers. Je ne sais s'il faut nous en plaindre. A la place de cette littérature, quelquefois un peu niaise et dont l'unique mérite est souvent d'être inoffensive, nous aurons les chefs-d'œuvre de l'esprit humain, dont nous tâcherons modestement de nous contenter. Ah ! rien n'est trop beau pour le peuple ! Nos grands romanciers et nos grands dramaturges se donnent la peine d'écrire des ouvrages pour lui, et de se mettre, comme ils disent, à sa portée. Que ne se reposent-ils de cette besogne sur Corneille, Racine, Shakespeare, Schiller, et même au besoin sur Eschyle et sur Sophocle ? Dans les jours de solennités publiques où l'on ouvre gratis tous les spectacles, le boulevard a beau donner ses plus brillants mélodrames, le vaudeville ses plaisanteries les plus fameuses, l'opéra ses décors les plus éblouissants : c'est à *Polyeucte* et à *Britannicus* qu'on s'écrase. Corneille, s'il vivait encore, ne demanderait pas d'autres spectateurs. Il faut des spectateurs raffinés pour des beautés de convention ; mais pour les beautés éternelles, il ne faut que des hommes.

Je borne là mes conseils : vous vous inspirerez des circonstances. Dans un pays aussi varié que le nôtre, où tout change de clocher en clocher, excepté ce culte de l'honneur qui fait de tous les Français une famille, il ne peut pas y avoir de règle bien générale. J'ai voulu vous montrer seulement que la tâche est délicate, mais pas trop difficile. Je voudrais vous montrer à présent combien elle est noble.

Je voudrais, Messieurs, vous montrer ou plutôt vous rappeler l'importance du service que vous rendrez en restituant, pour ainsi dire, leur patrimoine aux déshérités de l'intelligence. A Dieu ne plaise qu'en vous parlant de l'ouvrier et de la condition de l'ouvrier, je veuille exciter chez vous une pitié maladive pour ceux de nos frères qui travaillent du matin au soir et quelquefois du soir au matin dans les ateliers. L'ouvrier n'accepte la pitié de personne. Il aime le travail qui le fait vivre; il en est heureux, il en est fier. Il sait qu'il lui doit, outre le pain de sa famille, la sécurité, la dignité. Il réserve, comme nous, sa pitié pour les oisifs. A une époque de douloureuse mémoire, les ouvriers de Lyon avaient une fière devise : *Vivre en travaillant !* Je leur en donne une autre : *Vivre pour travailler !* Et je suis sûr qu'ils me comprennent.

J'en suis sûr, car je connais leur cœur, et j'ose dire au milieu d'eux, que je le connais par le mien. Mais, Messieurs, nous sommes des hommes pratiques, nous voyons la vie comme elle est, et si nous pensons, avec raison, que les ouvriers ne doivent pas être plaints parce qu'ils travaillent, avouons aussi de bonne foi qu'ils ne mènent pas une existence de sybarites. Quand un bon ouvrier quitte son métier le soir, après avoir poussé la navette, tenu la barre, ou frappé l'enclume pendant dix heures, douze heures, quatorze heures peut-être, et qu'il peut se dire : « J'ai gagné ma journée, » deux mots familiers mais pleins de noblesse, ne peut-il pas ajouter aussi qu'il a bien droit à une heure de repos et de plaisir? Qu'en pensez-vous, Messieurs? Ce repos d'une heure, qu'on marchande quelquefois comme une grâce, ne serait-il pas par hazard une des premières nécessités de la vie? J'entends bien que d'habiles gens, tout occupés d'augmenter le salaire, comme si cette grande affaire était l'unique affaire de la vie, conseillent à l'ouvrier de ne pas perdre une minute, de se fatiguer sans trêve ni relâche jusqu'à l'épuisement, et de ne mettre d'autre intervalle que le sommeil entre le travail d'aujourd'hui et celui de demain. Voilà une morale qui pourrait bien être impuissante à force d'être dure. Quand nous élevons un enfant, nous avons soin de faire une part pour la récréation à côté de l'étude ; et même, dans les premières années, nous donnons au repos et au plaisir la plus large part ; à mesure que l'enfant grandit et que le temps brunit ces jeunes boucles de cheveux blonds, nous devenons sans doute plus sévères. Ne le soyons jamais trop ; rappelons-nous que notre machine humaine a besoin d'être réparée souvent pour durer longtemps, et que le travail perd en intensité ce qu'il gagne en durée. Laissons à l'adolescent, et à l'homme même, une récréation. Accordons-la surtout à l'ouvrier ; si ce n'est par humanité, que ce soit par calcul.

Ce mot de récréation me plaît ; c'est un mot bien fait ; il dit bien ce qu'il veut dire, il contient toute une doctrine. Oui, nous avons tous besoin d'une récréation, et plus nous sommes bons travailleurs, plus la récréation nous devient nécessaire. Mais, Messieurs, il faut savoir à quoi l'employer, et ce n'est pas toujours si facile. Pour nous qui avons passé notre enfance dans un collège, et qui depuis n'avons cessé de regarder les livres comme nos meilleurs amis, c'est à eux que nous avons naturellement recours quand notre esprit demande à se reposer et à se détendre ; mais pour ce compagnon du marteau et de l'enclume, qui peut-être a été tout au plus une année ou deux à l'école primaire, et qui ne sait pas assez lire pour trouver du plaisir dans ses lectures, que fera-t-il le soir pendant que vous veillez à côté de votre lampe, le corps en repos et l'esprit charmé ? Faudra-t-il qu'il se jette sur sa dure couche, où le froid le poursuit, et qu'il fasse deux parts de sa vie, une pour le sommeil, l'autre pour le travail inexorable ? S'il entre au cabaret... Ah ! je le sais ; le cabaret est une maison de perdition pour l'ouvrier. S'il a le malheur de s'y oublier, il y perd sa dignité, sa santé, son avenir, le pain de ses enfants ; c'est son plus terrible ennemi. Combien de fois ne l'ai-je pas dit ? Combien de fois n'ai-je pas souhaité qu'il me fût permis de monter sur les tables des cabarets pour injurier le monstre en face ? pour montrer aux ivrognes toute l'horreur de leur conduite ? pour leur rappeler, comme un remord, leur vie passée, qu'ils sont en train de flétrir, et cette famille absente, qui les attend dans les larmes? Mais ici, Messieurs, où nos homélies ne seraient pas à leur place, où nous parlons parmi des ouvriers laborieux et des pères de famille honnêtes, reconnaissons que tant que nous n'aurons pas ouvert des Cours et des Bibliothèques, nous serons les complices des malheureux qui vont se perdre dans les cabarets. Où iront-ils en hiver ? Beaucoup n'ont ni cheminée dans leur chambre ni charbon dans leur fournil. S'ils n'ont pas de famille, que feront-ils de leur loisir entre ces quatre murailles ? Et même s'ils en ont, ne faut-il pas pour passer tous les jours une heure ensemble, une occupation agréable et attachante ? Pour ce que vous dites aux ouvriers sur les cabarets, ils le savent mieux que vous, c'est la morale courante des ateliers : personne n'est plus sévère que le bon ouvrier pour l'ouvrier sans conduite ; mais ce n'est pas le tout que de prêcher. Une école, une Bibliothèque valent mille fois mieux qu'un sermon. Quand l'ouvrier sort de l'atelier, le soir, transi de froid ou percé par la pluie, et qu'au détour de la rue sombre il voit flamber un feu clair dans l'âtre du cabaret et qu'il entend la chanson joyeuse, et le cliquetis des pots qui s'entrechoquent, ouvrons-lui vis-à-vis une petite chambre modeste mais confortable, bien éclairée, bien chauffée, où l'attendent, sur un rayon, d'aimables livres, pleins de belles histoires, d'attrayants récits, de discussions sérieuses, de nobles maximes. Il suffit qu'il y vienne une fois pour être tenté d'y revenir. Il ne trouvera là ni les excitations bruyantes, ni les plaisirs grossiers, ni les amitiés suspectes du cabaret; il y trouvera le sentiment de sa dignité et de sa force, le bonheur de rêver et de penser, la solution de ses doutes, les horizons brillants et nouveaux de la science, la mâle et puissante saveur d'un plaisir qui est un travail, et qui, en récréant l'esprit, l'anoblit et le fortifie.

A ce motif de bien faire, tiré de l'humanité et de la justice, vient s'en joindre un autre moins sentimental; c'est qu'en offrant le travail intellectuel à l'ouvrier, comme dédommagement du travail manuel, vous ajoutez à sa valeur industrielle, à son habileté dans sa profession, vous créez, non seulement une augmentation de bonheur, mais une augmentation de richesse. Nous ne sommes pas faits, vous et moi, pour dédaigner les questions économiques. Nous mettons, comme spiritualistes, l'idéal avant tout, sans que notre amour pour l'idéal nous fasse oublier ou dédaigner les besoins de la matière. Il faut penser; mais il faut vivre; il faut tirer de son travail un profit légitime; il faut rester à la tête de sa profession, ou y monter. Or, vous savez tous comme moi, et mieux que moi, Messieurs, l'importance de l'outil ; on n'est bon ouvrier qu'à condition d'avoir un marteau bien à sa main, un métier commode, complet, mis au niveau des derniers perfectionnements. Et que dirons-nous des facultés de l'homme, et de son intelligence, si ce n'est qu'elle est le premier outil du travail, et qu'un ouvrier ne peut la développer sans développer en même temps sa force productrice ? L'intelligence est le vrai capital de ceux qui n'ont pas de capital. Un grand fait, récemment accompli, rend la démonstration de cette vérité à la fois plus évidente et plus urgente. Jusqu'au dernier traité de commerce, les Français travaillaient pour ainsi dire entr'eux, ou du moins ils ne luttaient qu'entr'eux, à l'abri de ce grand mur de la protection, qui leur réservait exclusivement le marché national. Ce mur abattu, il ne nous reste plus de protection factice; nous sommes réduits, ne nous en plaignons pas, à nous protéger nous-mêmes. Dans cette condition nouvelle de concurrence universelle cherchons quelles sont nos ressources. Il ne dépend pas de nous d'avoir autant de fer et de houille que nos voisins, ni de nous procurer les matières premières à meilleur marché, ni de trouver, dans le vaste monde, de plus nombreuses escales et des comptoirs plus avantageux. Notre effort doit porter surtout sur la main-d'œuvre; c'est elle que nous devons songer à perfectionner; c'est elle seule qui dépend de nous. Disons-nous en même temps, pour nous donner du courage, que de tous les organes de l'industrie, la main-d'œuvre est le plus important, et que dans les conditions les plus inégales d'ailleurs, la supériorité de la main-d'œuvre assure le triomphe au peuple qui la possède. On s'est demandé souvent quel était en Europe le meilleur ouvrier. Chaque peuple a ses dons particuliers; l'Anglais est fort, l'Allemand est patient, l'Italien industrieux. Les habitudes font plus encore peut être que la nature; ainsi la division du travail rend l'ouvrier anglais incomparable pour la tâche restreinte et unique qu'il accomplit toute sa vie sans se rebuter, avec la régularité d'une machine. Nous avons dans la vivacité de notre esprit, et dans la force de notre imagination, de puissants éléments de succès; nous en avons aussi, Messieurs, dans notre courage, car ce n'est pas seulement sur les champs de bataille qu'éclate et triomphe *la furie française*. Dans certaines industries, la faculté maîtresse, celle qui doit dominer chez le fabricant, c'est le goût. Il y a des siècles que les Français sont les premiers ouvriers du monde pour tout ce qui touche aux arts industriels; et pourquoi ne dirais-je pas (vous ne me croyez pas capable de vous flatter; si vous me connaissiez, vous sauriez que je ne flatte jamais) pourquoi ne dirais-je pas que c'est à la sûreté et à la finesse de votre goût que la fabrique Lyonnaise a dû jusqu'ici sa renommée et sa prospérité? En de telles matières, Messieurs, il ne suffit pas que le patron, le dessinateur, le coloriste aient du goût. Si l'ouvrier lui-même n'a pas le sentiment de l'art, s'il n'a pas l'œil artiste, s'il ne sait pas être fier de la perfection de ses produits, la fabrique ne tarde pas à décroître. Est-ce vrai? Je ne dis là que ce que vous expérimentez tous les jours. Mais comment former un ouvrier, qui soit en même temps un artiste? Il y a, je le sais bien, un enseignement qui n'a pas besoin d'écoles ni de maîtres. Nos Parisiens, par exemple, deviennent artistes, rien qu'en se promenant dans nos rues, et en se mêlant avec nous à la vie commune. S'ils entrent, le dimanche, dans un musée, ils y admirent le génie inspiré de Raphaël, la couleur magique de Rubens et de Rembrandt, le dessin correct, la composition savante du Poussin. Nos jardins leur offrent partout des modèles de la statuaire antique, mêlés aux chefs-d'œuvre des Coustou et des Coyzevox. Nous avons, dans nos galeries, des meubles, des émaux, des bijoux, que le moyen-âge et la renaissance ont légués à notre admiration et à notre imitation. Cependant, Messieurs, suffit-il d'étaler ces richesses? Suffit-il de traverser ces musées? N'y a-t-il pas une éducation première sans laquelle les chefs-d'œuvre même de l'art sont comme un livre fermé et scellé ? Mettez un ignorant devant les bergers du Poussin; il restera froid. Ses yeux verront ; son âme ne comprendra pas, son cœur ne sentira pas. Qu'on lui apprenne seulement à lire; qu'on lui apprenne à penser par le commerce des livres : qu'il reçoive la sainte et puissante initiation de la vie intellectuelle. Si on le remet, ainsi transformé et renouvelé, en présence du chef-d'œuvre, on jugera, par son émotion, de la puissance de l'éducation. Voir n'est rien, il faut savoir voir. Pour devenir un artiste, il faut commencer par être un homme.

Je ne puis m'empêcher, Messieurs, en vous parlant ainsi, de vous avertir que les Anglais, nos concurrents naturels, sont déjà à l'œuvre. On nous dit souvent que nous sommes le premier peuple du monde : nous l'avons été, nous sommes faits pour l'être; nous le sommes peut-être encore. Nous resterons, je veux le croire, à notre rang. A une condition, pourtant; à la condition de travailler. Entendez bien ce que je veux dire, à la condition de travailler à notre avancement intellectuel, à la condition d'étudier. A l'heure qu'il est, nous sommes plus ignorants que les Allemands, les Suisses, les Hollandais, les Écossais. Dans un régiment français, les deux tiers des soldats, plus de soixante sur cent ne savent pas lire couramment; dans un régiment prussien, il y a tout au plus trois soldats illettrés sur cent. N'est-ce pas à mourir de honte ? Quand j'ai crié sur les toits cette triste vérité, on m'a accusé de manquer de patriotisme. Le vrai patriote est celui qui connaît le mal et qui en cherche le remède. Nous donnons sept à huit millions à l'instruction primaire, pour trente-sept millions d'habitants; l'Angleterre donne vingt-cinq millions pour une population moitié moindre. Je le dis, par patriotisme; et c'est par patriotisme aussi que j'ajoute : c'est une honte ! Depuis le traité de commerce, l'Angleterre a créé dans son *Comité du Conseil de l'enseignement* un Département des Sciences et Arts, et elle l'a doté d'une somme de 135,582 livres (3,380,550 fr.). Avec cette ressource, elle a fondé déjà de tous côtés des classes d'enseignement professionnel qui ont été immédiatement remplies. La statistique donnait, en 1863, 16,000 élèves pour les classes supérieures de dessin, et

4,000 élèves pour les classes de sciences appliquées. En y joignant 79,845 élèves qui fréquentent les écoles fondées en dehors du département des Sciences et Arts, on trouve que l'Angleterre, dont la population est inférieure à la nôtre de plus de moitié, ne compte pas moins de 99,845 élèves dans ses écoles d'enseignement professionnel. Gravons bien ces chiffres dans nos souvenirs, non pour nous effrayer, mais pour redoubler de courage. Nous sommes le même peuple qui, depuis trois siècles, gouverne le monde des idées et celui des arts. Nous avons une bataille à livrer; mais nous sommes accoutumés à vaincre !

Oui, une bataille, la grande, la décisive, la glorieuse bataille ; la bataille de la science contre l'ignorance, de la civilisation contre la barbarie. Nous avons, Messieurs, des ennemis que nous nous faisons à plaisir. Les hommes mettent une borne dans un champ, ils appellent cela une frontière, et ils déclarent qu'au delà de cette borne seront les ennemis. Que de sang répandu, que de gloire follement conquise pour maintenir des séparations souvent contraires aux intérêts moraux et matériels des peuples! Quelles sanglantes épopées dont il ne reste rien que des haines héréditaires, de longues années perdues, des richesses enfouies, et peut-être, comme compensation unique, quelques beaux vers dans un poème national ! Mais la grande armée que nous formons aujourd'hui, et qui, s'il plaît à Dieu, effacera la gloire de l'ancienne, ne connaît d'autres conquêtes que celles dont tout le monde profite et n'a d'autres ennemis que les ennemis mêmes de l'humanité. C'est l'armée de la civilisation et du progrès : puisse la bénédiction de Dieu reposer sur elle !

Il me reste, Messieurs, à vous dire quelques mots des services que vous rendrez à la liberté, en propageant parmi vous les Ecoles et les Bibliothèques. La liberté est adorée en France, et, s'il faut tout dire, elle y est plus adorée que connue. On dit quelquefois que nous croyons aimer la liberté, et qu'au fond, c'est l'égalité seule que nous aimons ; que la liberté est aimée, connue, pratiquée en Angleterre, et que trois quarts de siècle passés dans les agitations des révolutions n'ont réussi à implanter en France que le culte de l'égalité. Pour moi, qui crois fermement qu'il n'y a pas de liberté sans égalité, ni d'égalité sans liberté, je dirai que nous avons conquis l'une et l'autre en 1789, en ce sens qu'elles sont écrites dans nos Constitutions et dans nos Lois, et qu'elles y resteront consacrées à jamais; et que pourtant, avant qu'elles deviennent chez nous une vérité réelle et vivante, il nous reste à conquérir encore l'égalité devant l'instruction. J'oserai presqu'avouer que la Révolution française ne sera terminée que quand tous les Français sauront lire. Nous sommes en possession du suffrage universel ; puisque le peuple juge souverainement, il faut qu'il soit en état de s'éclairer par lui-même sur les conditions et les conséquences de son vote. Mais ce n'est pas seulement dans l'exercice du scrutin que l'ignorance est un obstacle à la vraie liberté et à la vraie égalité. Voulez-vous mesurer d'un seul coup ce que peut l'éducation pour l'émancipation de l'homme? Supposez que, par un miracle, ou plus simplement, par une victoire, nous ayons dans nos mains la destinée de la Russie. Prenez une de ces provinces plus qu'à demi barbares, où le serf, abruti sous le poids d'un long esclavage, n'appartient à l'humanité que par la fatigue et la douleur, et faites-lui, de votre grâce souveraine, une Constitution qui la déclare libre. Voilà les serfs affranchis ; ils sont citoyens, ils votent, ils peuvent être élus; ils peuvent parler, ils peuvent penser, eux qui ne pouvaient pas même se plaindre. Sont-ils libres? Le sont-ils réellement? Ils le seront, Messieurs, quand ils sauront ce que c'est que la liberté. Prenez maintenant la méthode inverse. Donnez-leur des lumières à pleines mains, sans briser leurs fers, sans toucher à leur état social. Le jour où ces serfs, puisqu'ils le sont encore, pourront lire seulement les débats de la Constituante française, que vaudront contre eux les lois russes ? Que restera-t-il de leur esclavage? Disons-le donc bien haut, Messieurs; on peut, on doit faire dans un parlement, des lois libérales; mais l'atelier où se forge la liberté, c'est l'Ecole !

Voici une pensée qui m'est souvent venue dans ces derniers temps, et qui m'obsède. Les ouvriers Lyonnais me comprendront. Ils forment une population sobre, laborieuse et rêveuse : c'est le tempérament philosophique ; les idées philosophiques ne peuvent leur sembler étrangères. Depuis plusieurs années, malgré les splendides créations de la science, je sens, je crois sentir dans la société, une diminution, un affaiblissement, quelque chose qui ressemble à la décadence. Où donc est le mal? Avons-nous moins de lettrés? Une civilisation moins raffinée et moins polie? Des mœurs plus relâchées? Non, en vérité, ce n'est rien de tout cela. C'est la foi qui nous manque, elle seule. En politique, en religion, en philosophie, nous savons analyser, critiquer, nous savons comprendre : nous ne savons plus croire. Je vois autour de moi des savants, des artistes, des imaginations brillantes et puissantes : je mets la main sur le cœur ; il ne bat plus. A force de tout comprendre et de tout amnistier, nous nous sommes désintéressés de tout. Il n'y a plus parmi nous de ces hommes qui, à défaut de génie, avaient un caractère, et qui, par le caractère, étaient maîtres des autres hommes, et presque de la destinée ; car tout cède à la volonté, quand elle est forte et persévérante. Or, ce qui fait la volonté, ce qui fait un caractère c'est la foi ; c'est l'idée pour laquelle on veut vivre, et pour laquelle on saurait mourir. Quoi donc, est-ce que le monde s'arrêterait? Non, Messieurs ; jamais le monde ne s'arrête dans sa marche vers un avenir meilleur ; mais le progrès ne fait pas toujours son chemin avec les mêmes auxiliaires. Il a pris et quitté la Grèce ; il a pris et quitté Rome ; il a pris la France : la quittera-t-il? Jamais peuple ne l'a mieux servi, et n'a été plus propre à le servir. Nous avons été dans le monde comme la main visible dont Dieu se servait pour opérer ses miracles : *Gesta Dei per Francos*. Ce que nous avons été, nous le serions encore, sans le scepticisme qui nous envahit. Ce scepticisme est-il universel? Il ne l'est pas, il ne l'est pas ! et c'est là ce qui doit à la fois nous rassurer et nous avertir. Le peuple ne connaît pas ce mal qui allanguit et énerve nos classes lettrées. Le peuple est plein d'aspirations, d'espérances, d'idées pour lui nouvelles, encore confuses ; mais qu'il parviendra, si on l'y aide, à classer et à définir. Il croit, il veut croire. Il a, si je puis le dire, la sainte fièvre de l'égalité et de la liberté. Un cri s'élève de toutes parts dans les ateliers pour demander la création de nouvelles écoles. Ces lèvres avides demandent à s'abreuver aux sources pures de la science. Le monde a déjà vu, il y a dix-huit siècles, un spectacle pareil, quand la Société romaine agonisante, mais encore éclairée, savante et polie, vit marcher contre elle, sous le nom de chrétiens, une armée de barbares qu'elle prit pour la destruction, et qui était au contraire la rénovation. Peut-être l'avènement de la démocratie sera-t-il aussi pour nous le commencement d'une ère nouvelle. Aidons-la, appelons-la ; ouvrons lui tous les trésors de la science. Que ce soit notre œuvre, notre consolation, notre salut ! Nos pères ont vu et fait de grandes choses. Ils ont renversé la Bastille, écrit pour la France et pour tous les peuples, la première Constitution libre, réformé toutes les lois au nom de la sagesse et de l'équité, promené sur tous les champs de bataille notre glorieux drapeau et notre glorieuse civilisation française. Voilà leur lot, et il est bien grand. Mais si notre génération parvient à fonder partout des écoles, et à détruire partout l'ignorance ; si elle appelle le peuple entier à la vie intellectuelle, si avec lui et par lui elle ouvre à la pensée des horizons nouveaux, si elle donne une jeunesse nouvelle à ce monde épuisé et vieilli, qui ne lui envierait cette noble part ? Et qui n'opposerait avec orgueil, aux grands événements dont nos pères ont été les témoins et les promoteurs, la Révolution du xix° siècle ?

Je voudrais tenir à la main un livre, un bon livre, et vous le présenter dans cette antique salle, qui désormais est une école. O livre, lui dirais-je, sois le symbole de la dernière et de la plus féconde des révolutions ! Deviens l'humble commencement d'une grande chose ! Passe de main en main, et d'atelier en atelier ! Réunis les hommes dans la sainte communion de l'idée ! Inspire l'amour du bien, en inspirant l'amour de la science ! Porte dans tous les cœurs les souvenirs de notre histoire, et l'amour de la patrie française ! Ce sont là, Messieurs, mes derniers vœux, et mes dernières paroles : il est temps que je vous quitte. Je vous fais ici mes adieux. Bon espoir, bon courage ! Répandez la liberté avec les lumières !

Lyon, Imprimerie STORCK, rue de l'Impératrice, 78.

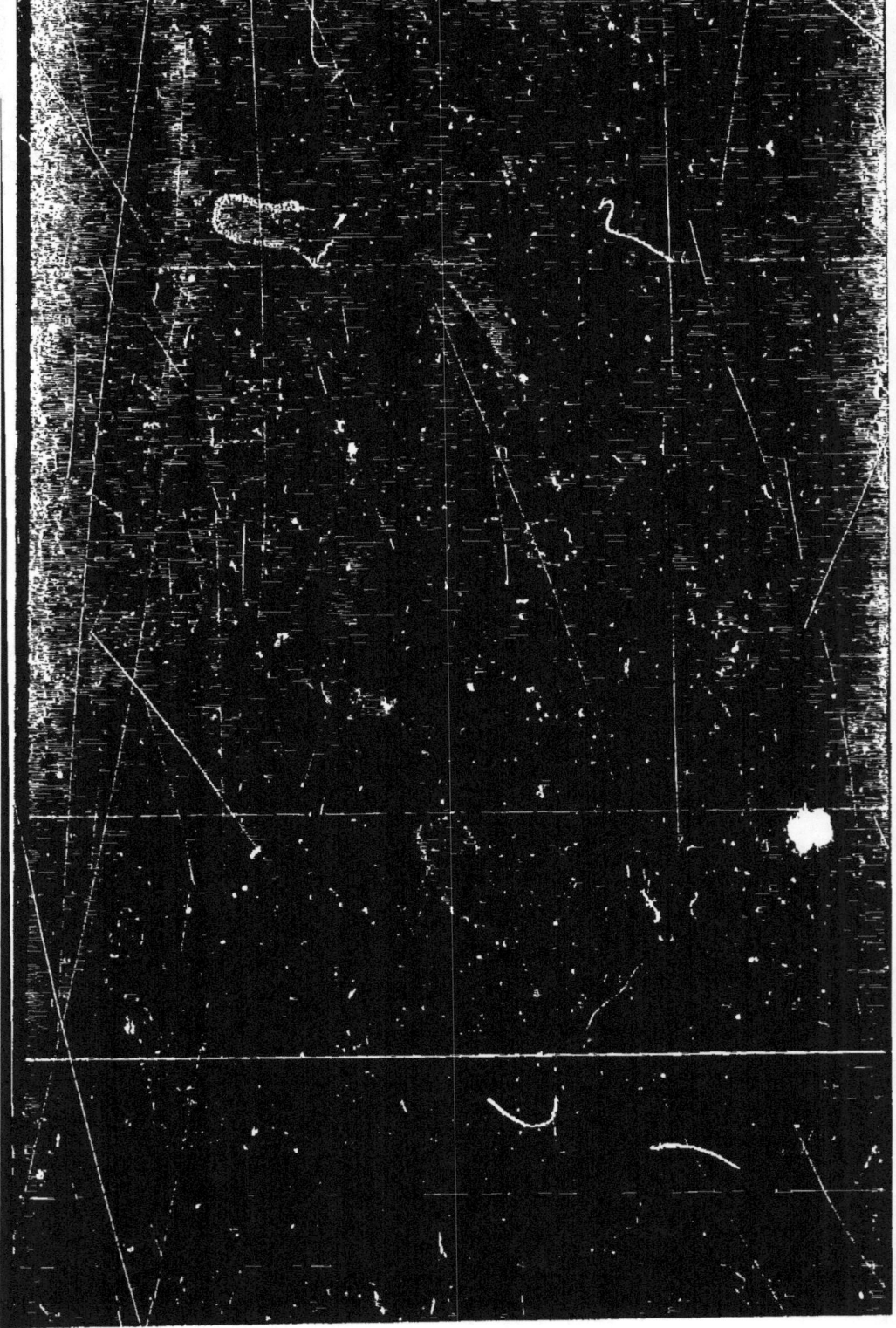

www.ingramcontent.com/pod-product-compliance
Lightning Source LLC
Chambersburg PA
CBHW061610040426
42450CB00010B/2417